The Soul of San Miguel

Hand-drawn designs inspired by San Miguel de Allende, Mexico

Original art by Emma D'Antoni

Eccentric Ink

Cover and Book Design by eBook DesignWorks
Author Photo by Pamela Minett (peoplebypamela.com)

Eccentric Ink
ISBN 978-09997234-0-1

Welcome, Colorists.

Travel writers fawn over San Miguel de Allende, hailed by magazines as the "best city in the world." Guidebooks and blogs rave about the colonial architecture, the international community, the cheerful weather.

Well, it's all true.

But what I adore about San Miguel goes deeper than the hype. I love the creativity in the air here, the buzz of interesting people doing interesting things. I love the impishly uneven streets. The charismatic doors and the courtyards tucked away behind them. The history and culture hiding in every nook of every neighborhood. I love what everyone loves about their city: The stories and the people and the energy. So that's what I've tried to capture in this coloring book—the soul of San Miguel.

These designs aren't all completely realistic. They are representations of what I see when I walk around my city, mapped out while I sipped coffee in the Centro or pored over photos I've taken in my time living here.

Now, a note about this coloring book. All the images are hand-drawn by me. Everyone likes something different, so I've included designs that range in complexity. You'll find wallpaper on the page-backs to camouflage any bleed-through, blank space in the back for testing your pens and pencils, and bilingual descriptions of what inspired the patterns.

But I won't keep you any longer. Happy coloring! I hope you enjoy filling in these pages as much as I enjoyed designing them.

All my best,

Emma

Bienvenidos, Coloristas.

Los escritores de viajes adular a San Miguel de Allende, saludado por las revistas como la "mejor ciudad del mundo." Las guías turísticas y los blogs hablan maravillas sobre la arquitectura colonial, la comunidad internacional, el clima alegre.

Bueno, es todo cierto.

Pero lo que yo adoro de San Miguel va más allá del bombo publicitario. Me encanta la creatividad en el aire, el murmullo de personas interesantes al hacer cosas interesantes. Me encantan las calles traviesas. Las puertas carismáticas y los patios que se esconden detrás de ellos. La historia y la cultura que se guardan en cada rincón de los barrios. Me encantan los que a todos les encantan de su ciudad: las historias y las personas y la energía. Así que eso es lo que he tratado de capturar en este libro para colorear: el alma de San Miguel.

Estos diseños no son completamente realistas. Son representaciones de lo que veo cuando camino por mi ciudad, imaginados mientras yo tomaba café en el Centro o estudiaba las fotos que he tomado en mi tiempo al vivir aquí.

Ahora, una nota sobre este libro para colorear. Todas las imágenes han sido dibujadas a mano por mí. Y porque todos les gusta algo diferente, he incluido diseños que varían en complejidad. Encontrarás papel oscuro en la parte posterior de las páginas para evitar que la tinta se corra, espacio vacío en la parte de atrás para probar tus bolígrafos y lápices, y descripciones bilingües de lo que inspiró los bocetos.

Pero no te retendré más. ¡Feliz coloración! Espero que disfrutes rellenando estas páginas tanto como las disfruté al diseñarlas.

Con el mejor de los deseos,

Emma

El Sagrado Corazón
The Sacred Heart

Ornamentos del Sagrado Corazón
Sacred Heart Ornaments

Calle Empedrada
Cobblestone Street

Puerta de Hierro Forjado con Bugambilia
Wrought-Iron Door with Bougainvillea

Las Puertas de San Miguel de Allende
Doors of San Miguel de Allende

Puerta en una Calle Empinada
Door on a Steep Street

Azulejos Méxicanos
Mexican Tiles

Puertas del Palacio del Mayorazgo de la Canal
Doors of the De La Canal Family Mansion

Azulejos Méxicanos II
Mexican Tiles II

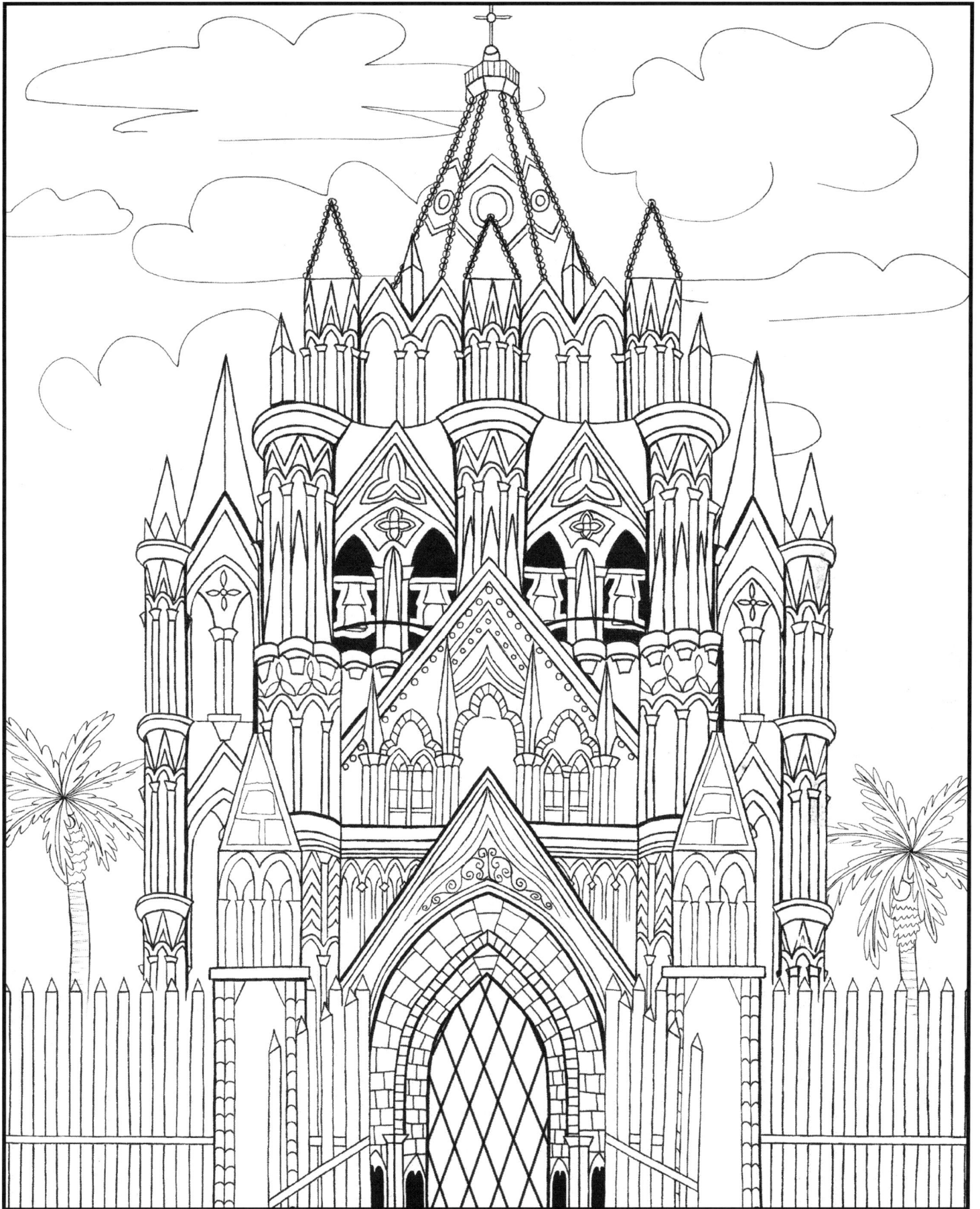

La Parroquia de San Miguel Arcángel

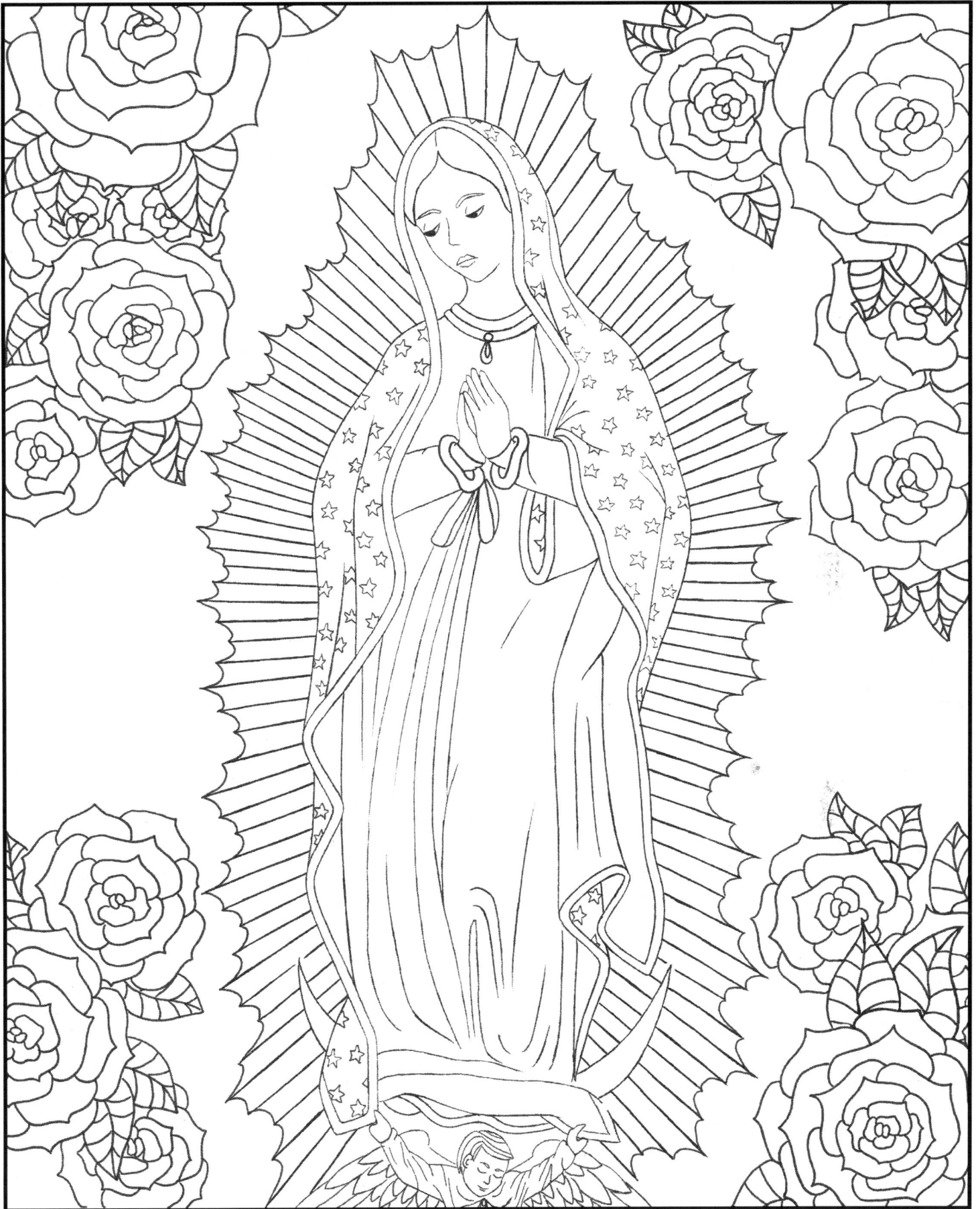

Nuestra Señora de Guadalupe
Our Lady of Guadalupe

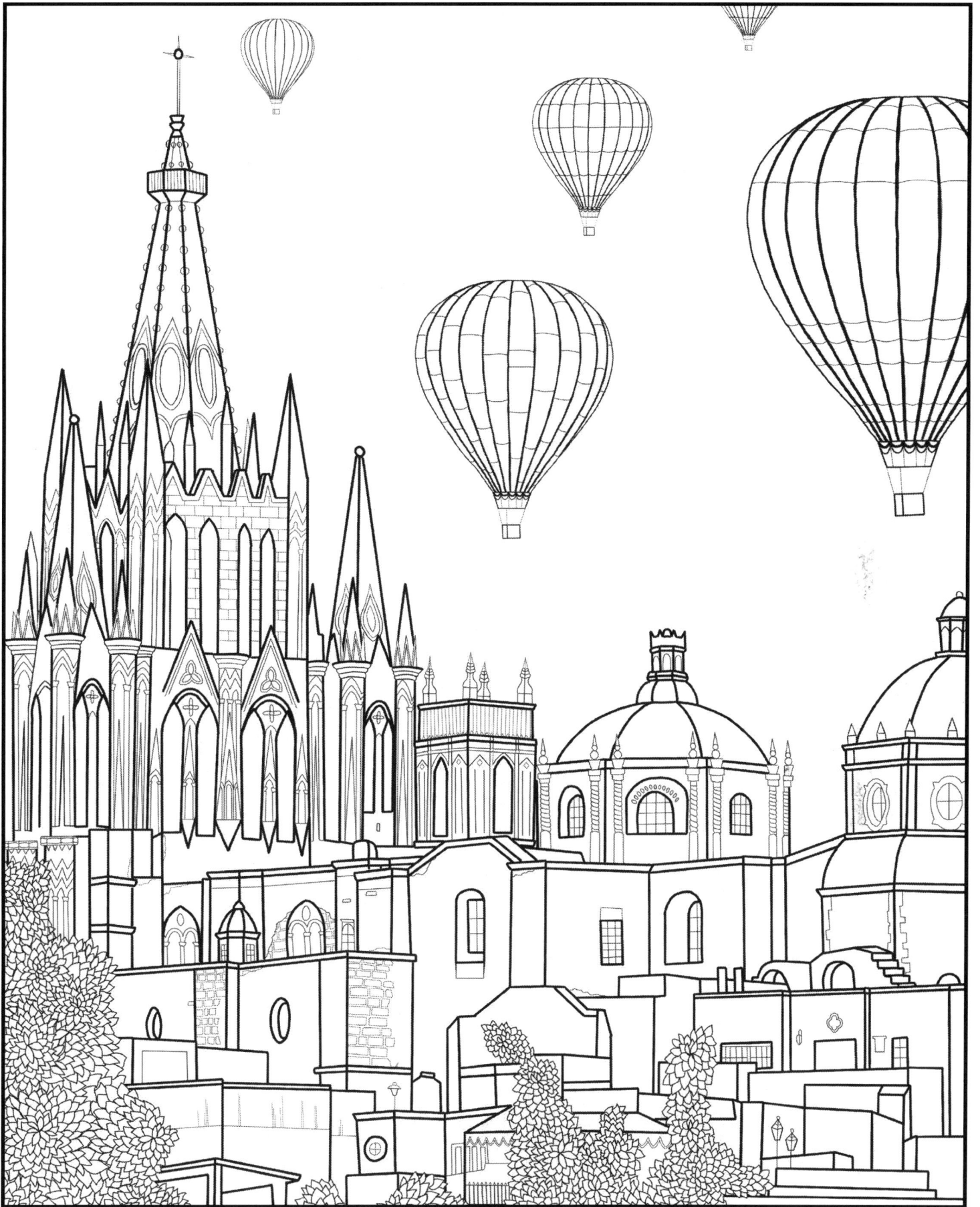

Globos Aerostáticos Sobre la Parroquia
Hot Air Balloons Over the Parroquia

Calavera de Azúcar

Sugar Skull

Maquillaje de la Catrina
Catrina Makeup

Altar del Día de Muertos
Day of the Dead Altar

Papel Picado

Cut Paper Banners

La Catrina
Lady of Death

Tapete de Aserrín "La Monarca"
Monarch Butterfly Sawdust Carpet

El Mercado de Artesanías

The Artisan Market

Frida Kahlo

45

Arte Callejero

Street Art

Mural de Jaguar
Jaguar Mural

49

Suculentas del Charco del Ingenio
Succulents of El Charco

51

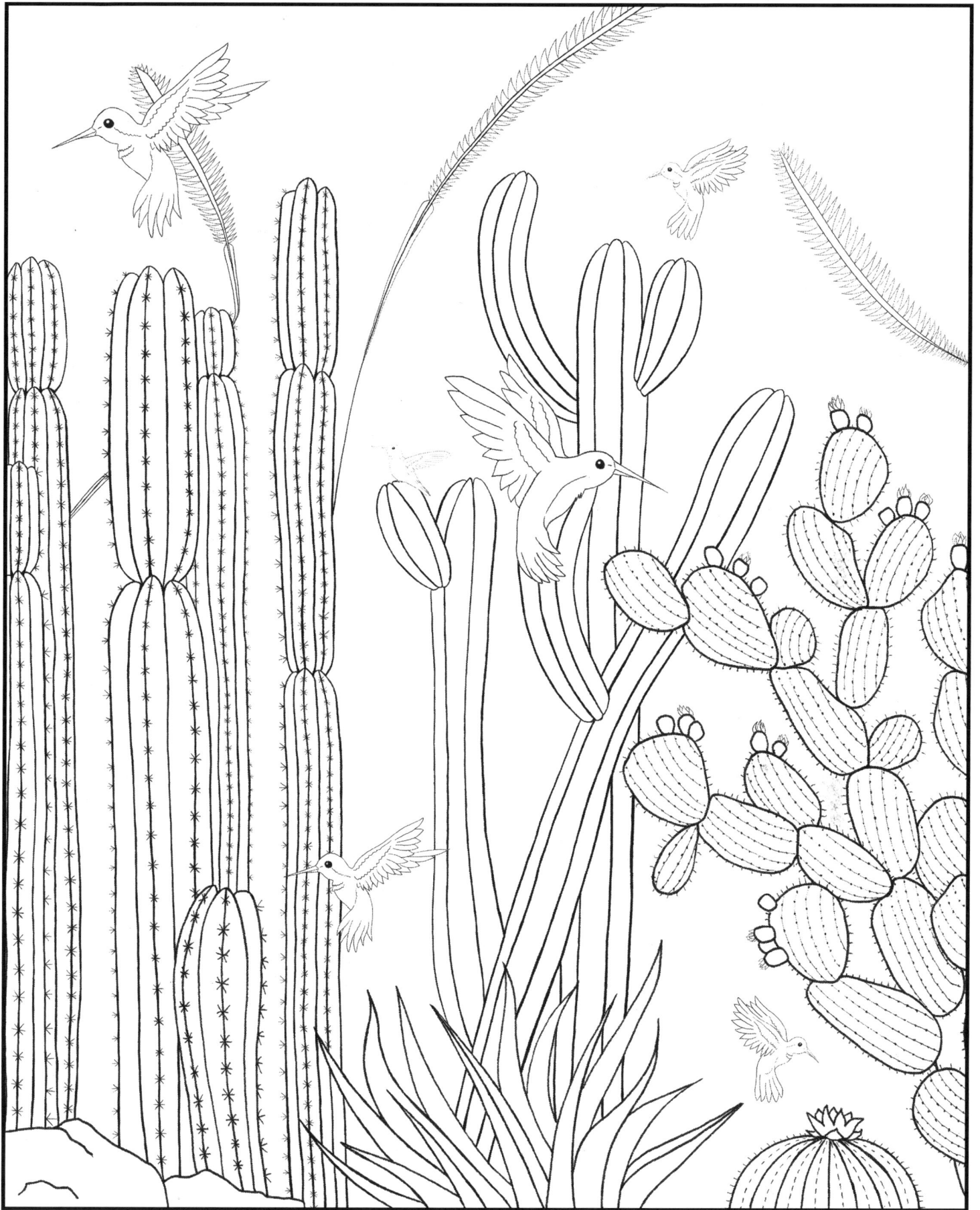

Catus y Colibríes
Cacti with Hummingbirds

BIENVENIDOS MERCADO DE ARTESANIAS

BIBLIOTECA PUBLICA, A.C.

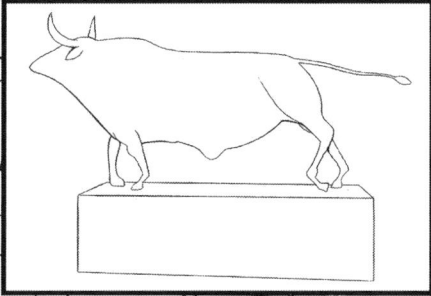

El Centro Historico
The Historic Center

The Sacred Heart (pp. 7, 9)

San Miguel de Allende is known as *el Corazón de México*. Fitting, since the town's symbol is the Sacred Heart—a motif common in Mexican folk art. According to Catholic tradition, it represents the death and resurrection of Jesus and his divine love for humanity. The symbol is usually depicted as a flaming heart radiating divine light, bleeding from the lance-wound, encircled by the crown of thorns, and surmounted by a cross. This iconic image can be found all over town in paintings, carvings, jewelry, milagros, posters, ornaments and other artwork.

Streets and Architecture

Thanks to its protected status as a UNESCO World Heritage Site, San Miguel's bougainvillea-laced historic center remains much as it was 250 years ago. Narrow stone streets criss-cross the hilly terrain, lined with colonial-era houses, churches, and lush courtyards. The city's walls are painted in vibrant color—rusty reds, rich shades of yellow—and studded with handcrafted iron and wooden doors. Watch out for the city's famous cobblestones, though. Twisted ankles are a time-honored rite of passage here in San Miguel.

The Parroquia (pp. 25, 29)

La Parroquia de San Miguel Arcángel towers over the city square, intricate pink-toned spires ensuring that one can always find their way back to the center of town. The magnificent church was originally built in the 17th century, but its unique Neo-Gothic facade was designed and constructed by indigenous stonemason Zeferino Gutiérrez in the late 19th century. He is said to have found his inspiration in postcards of European churches, instructing builders by scratching plans in the ground with a stick.

Our Lady of Guadalupe (p. 27)

Images of the Virgin of Guadalupe can be found everywhere in San Miguel de Allende. Painted on the walls of homes and altars. Carved into statues that grace churches, mercados, public plazas. Taxis and buses carry cards with her image, tucked into windshields to ensure safe journeys.

Revered throughout Mexico, *La Guadalupana* first emerged in Mexico in 1531, ten years after the Spanish conquest. She appeared to Juan Diego, an Aztec convert to Christianity, and left an image of her appearance on his cloak—which still exists today and can be seen in the Basilica of Our Lady of Guadalupe in Mexico City.

Day of the Dead

Day of the Dead is a special time in San Miguel de Allende. Flower-filled cemeteries host Mexican families reuniting with their departed loved ones. The Parroquia opens trap doors in the floor and allows access to its centuries-old crypts. The dead walk the streets.

The roots of *Día de Muertos* stretch as far back as ancient Mesoamerica, where each year the Aztecs welcomed and celebrated their dead ancestors. This festival lasted the entire month of August and was held in honor of the gods *Mictlantecuhtli* and *Mictlanáhuatl*, lord and lady of the underworld. When the Spanish arrived, the festival was moved to coincide with the Catholic holidays of All Saints Day (November 1st) and All Souls Day (November 2nd). Today, the first of these days is known as Dia de los Inocentes, a time when children who have passed away can return and be with their families for 24 hours. The second day is for the adults. Though *Día de Muertos* can be mistaken for a sad or morbid event, it is in reality a festive occasion—a time to remember loved ones who have left us and celebrate their lives. In the words of Marcus Tullius Cicero, "The life of the dead is placed in the memory of the living."

Altars (p. 35)

The creation of altars, or *ofrendas*, is one of the most well-known traditions of Day of the Dead. Covered with images of the deceased and personal objects that act as a reminder of their lives, altars honor those who have left us and make them comfortable during their visit to the world of the living. They are found everywhere during *Día de Muertos*, taking the form of huge displays in the Jardín, bursts of color in the town's cemeteries, and brightly-lit tributes in the corners of family homes.

Certain elements are common to every *ofrenda*. Marigolds, or *cempasúchiles*, serve as a beacon, their strong scent and bright petals ensuring the dead don't lose their way. Sugar skulls join the flowers, cheerfully decorated as a reminder that death is not something to be feared. Altars also include the four elements: water, earth, air, and fire. Glasses of water allow spirits to quench their thirst after their journey. Food represents the Earth, and *papel picado* (p. 37)—cut-paper banners made by hand—symbolize the wind. Candles stand for fire and are often arranged in the form of a cross to represent the cardinal directions and help spirits find their way home.

El Sagrado Corazón (pp. 7, 9)

San Miguel de Allende se llama "el Corazon de Mexico." Es apropiado, porque el símbolo de la ciudad es el Sagrado Corazón de Jesús—un motivo común en el arte popular Mexicano. Según la tradición católica, se representa la muerte y resurrección de Jesús y su amor divino por la humanidad. El símbolo generalmente parece como un corazón en llamas irradiando la luz divina, sangrando de la herida de la lanza, rodeada por la corona de espinas, y coronada por una cruz. Esta imagen icónica se puede encontrar por toda la ciudad en pinturas, tallados, joyas, milagros, carteles, adornos y otras obras de arte.

Calles y Arquitectura

Gracias a su estado protegido como Patrimonio Mundial por la UNESCO, y con un titulo de Pueblos Mágicos, el centro histórico bugan villa enhebrado de San Miguel continúa siendo mucho como lo fue hace 250 años. Estrechas calles de piedra atraviesan el terreno montañoso, bordeado con casas de la época colonial, iglesias, y patios lujosos. Las paredes de la ciudad están pintadas con colores vibrantes— rojos oxidados, tonos ricos de amarillo —y decoradas con puertas hechas a mano de hierro y madera. Pero ten cuidado con los adoquines famosos de la ciudad. Los tobillos torcidos son un rito de paso consagrado aquí en San Miguel.

La Parroquia (pp. 25, 29)

La Parroquia de San Miguel Arcángel se eleva sobre el Jardín, torres intrincadas de tonos rosados asegurando que siempre se pueda encontrar el camino de regreso al centro de la ciudad. La iglesia magnífica fue construida originalmente en el siglo XVII, pero su única fachada neogótica fue diseñada y construida por el cantero indígena Zeferino Gutiérrez a fines del siglo XIX. Se dice que encontró su inspiración en tarjetas postales de iglesias europeas, instruyendo a los constructores rayando los planos en la tierra con una vara.

Nuestra Señora de Guadalupe (p. 27)

Las imágenes de la Virgen de Guadalupe pueden ser encontradas en todas partes de San Miguel de Allende. Pintada en las paredes de casas santuarios y altares. Tallado en estatuas que adornan las iglesias, los mercados, las plazas públicas. Los taxis y los autobuses llevan su imágen, metidas en los parabrisas para garantizar viajes seguros.

Venerada en todo México y Latinoamérica, La Guadalupana surgió por primera vez en México en 1531, diez años después de la conquista española. Ella se le apareció a Juan Diego, un converso indígena al cristianismo, y le dejó su imagen de su apariencia en su tilma, que todavía existe hoy y se puede ver en la Basílica de Nuestra Señora de Guadalupe en la Ciudad de México.

El Día de Muertos

El Día de Muertos es un tiempo especial en San Miguel de Allende. Cementerios llenos de flores acogen a familias mexicanas que se reúnen con sus seres queridos quienes han fallecido. La Parroquia abre las puertas subterráneas en el piso y permite el acceso a sus criptas centenarias. Los muertos caminan por las calles.

Las raíces del Día de Muertos se remontan a la antigua Mesoamérica, donde cada año grupos indígenas acogían y celebraban a sus antepasados muertos. Esta festividad duraba todo el mes de agosto y se llevaba a cabo en honor a los dioses Mictlantecuhtli y Mictlancíhuatl, señor y señora del inframundo. Cuando llegaron los españoles, el festival se movió para coincidir con las celebraciones católicas del Día de Todos los Santos (1 de noviembre) y el Día de las Ánimas (2 de noviembre). Hoy, el primero de estos días se conoce como El Dia de los Inocentes, un momento en que los niños que han fallecido pueden regresar y estar con sus familias durante 24 horas. El segundo día es para los adultos. Aunque El Día de Muertos se puede confundir con un evento triste o mórbido, en realidad es una ocasión festiva, un momento para recordar a los seres queridos que nos han dejado y celebrar sus vidas. En palabras de Marco Tulio Cicerón, "La vida de los muertos se coloca en la memoria de los vivos."

Altares (p. 35)

La creación de altares es una de las tradiciones más conocidas del Día de los Muertos. Cubiertos con imágenes de los fallecidos y objetos personales que actúan como un recordatorio de sus vidas, altares honran a los que nos han dejado y los hacen sentir cómodos durante su visita al mundo de los vivos. Se encuentran en todas partes durante el Día de los Muertos, tomando la forma de grandes exhibiciones en el Jardín, explosiones de color en los cementerios de la ciudad y tributos brillantemente iluminados en las esquinas de los hogares familiares.

Ciertos elementos son comunes en cada altar. Las cempasúchiles sirven como un faro, su fuerte aroma y pétalos brillantes aseguran que los muertos no se pierdan al regreso. Las calaveritas de azúcar se unen a las flores, decoradas alegremente como un recordatorio de que la

The Lady of Death (p. 39)

In Mexico, death is always female, a welcoming figure instead of an enemy. Though she was once worshiped as goddess by indigenous peoples, these days she is better known as the famous *Calavera Catrina*: a beautiful skeleton, dressed in the highest fashion. This version of her was first imagined by political cartoonist Jose Guadalupe Posada around 1910, when he sketched Death wearing a fancy wide-brimmed French chapeau to emphasize that she comes for the rich and powerful as well as the rest of us. (The image was also a satirical representation of native Mexicans who attempted to deny their heritage by imitating upper-class European style, which explains her clothing.) Muralist Diego Rivera later painted this glamorous version of the Lady of the Dead in Mexico City, completing the iconic image of her we know today.

Sawdust Carpets (p. 41)

Tapetes de aserrín are colorful designs created on the streets using stencils and dyed sawdust. They decorate San Miguel's main square during many religious holidays and are often augmented with beans, sand, or flower petals. Monarch butterflies—the focus of this tapete—are an important symbol of Day of the Dead because they are said to hold the spirits of the departed. This belief comes from the fact that the first monarchs appear in Mexico each fall around November 1st, the first day of *Día de Muertos*.

Artisan Market (p. 43)

Sprawling for blocks, San Miguel's Artisan Market is home to any souvenir you're looking for. Its stalls overflow with jewelry, ceramics, textiles, handmade sweets, silver milagros, medicinal herbs, and so much more. This design was inspired by traditional Mexican bark paintings (top right), huichol beaded bracelets (top left), silver and leather jewelry (left middle), hand-painted dishware (bottom left), decorative piñatas (bottom middle), carved-wood masks (bottom middle), and frosted sugar skulls (bottom right).

Street Art (pp. 47, 49)

It's impossible to walk for ten minutes in San Miguel without stumbling across some form of street art. With over 43 murals in Guadalupe neighborhood alone, the walls of the city are alive with moments trapped in time.

Magical beasts, vivid landscapes, beating hearts. They give a splash of color to an already vibrant city, a constant reminder of San Miguel's creative heartbeat.

Succulents and Cacti (pp. 51, 53)

Plants of choice in the Mexican highlands, both succulents and cacti thrive in San Miguel's hot, dry climate. Burro's tail, ghost flower, Mexican snowball, painted lady— these and other fancifully named species spill out of windows along the town's stony streets. This coloring page was inspired by a walk around Charco del Ingenio (interestingly translated as "The Puddle of Genius"), the botanical garden and nature reserve above the city. A sanctuary for both rare succulent species and classic backyard varieties, El Charco is dedicated to the preservation of endangered flora from all over Mexico.

The Historic Center (p. 55)

This map of San Miguel's historic center highlights some of the town's familiar landmarks. Top left: entrance to the bustling Artisan Market. Middle left: "Toro," David Kestenbaum's distinctive bull sculpture in front of the Bellas Artes cultural center. Bottom left: statue of Ignacio Allende—hero of the Mexican war of Independence and the city's namesake—who watches over the main square from the corner of his family home. Top right: the Biblioteca Publica, established in 1958 by Canadian resident Helen Wales. Middle right: Ignacio Allende, this time mounted on horseback in the Plaza Cívica. Bottom right: stop Number One of the city's historical trolley tours.

muerte no es algo que deba temerse. Los altares también incluyen los cuatro elementos: agua, tierra, aire y fuego. Los vasos de agua permiten a los espíritus calmen su sed después de su viaje. Los alimentos representan la Tierra, y el papel picado simboliza el viento. Las velas toman el lugar del fuego y a menudo están puestas en forma de cruz para representar las direcciones cardinales y ayudar a los espíritus a encontrar el camino a casa.

La Calavera Catrina (p. 39)

En México, la muerte es siempre femenina, una figura acogedora en lugar de un enemigo. Una vez fue venerada como diosa por los pueblos indígenas, pero hoy en día es mejor conocida como la famosa Calavera Catrina: un esqueleto hermoso, vestido de la manera más lujosa. Esta versión de ella fue imaginada por primera vez por el caricaturista político José Guadalupe Posada alrededor de 1910, cuando esbozó a la Muerte luciendo un elegante sombrero francés de ala ancha para enfatizar que ella viene por los ricos y poderosos así como por el resto de nosotros. (La imagen también era una representación satírica de los mexicanos nativos que intentaban negar su herencia imitando el estilo europeo de la clase alta, lo que explica su vestimenta). El muralista Diego Rivera luego pintó esta versión glamorosa de La Señora de la Muerte en la Ciudad de México, completando la imagen icónica de ella que conocemos hasta el dia de hoy.

Tapetes de Aserrín (p. 41)

Los tapetes de aserrín son diseños coloridos creados en las calles con plantillas y aserrín teñido. Decoran la plaza principal de San Miguel durante muchas de las fiestas religiosas y a menudo se complementan con frijoles, semillas, arena, o pétalos de flores. Las mariposas monarcas—el enfoque de este tapete—son un símbolo importante del Día de los Muertos porque se dice que contienen los espíritus de los difuntos. Esta creencia proviene del hecho de que las primeras Monarcas aparecen en México cada otoño alrededor del 1 de noviembre que coincide con El Día de los Muertos.

El Mercado de Artesanías (p. 43)

Se extiende por cuadras, el Mercado de Artesanías de San Miguel es el hogar de cualquier recuerdo que estés buscando. Sus casetas se llenan de joyas, cerámicas, textiles, dulces hechos a mano, milagros de plata, hierbas medicinales y mucho más. Este diseño se inspiró en pinturas tradicionales en papel amate (arriba a la derecha), pulseras huicholes (arriba a la izquierda), joyerías de plata y cuero (centro a la izquierda), platos pintados a mano (abajo a la izquierda), piñatas decorativas (abajo en el centro), máscaras talladas en madera (abajo en el centro) y calaveritas de azúcar (abajo a la derecha).

Arte Callejero (pp. 47, 49)

Es imposible caminar por diez minutos en San Miguel sin tropezarse con alguna forma de arte callejero. Con más de 43 murales solo en la colonia Guadalupe, las paredes de la ciudad están llenas de momentos atrapados en el tiempo. Bestias mágicas, paisajes vívidos, corazones palpitantes. Le dan un toque de color a una ciudad ya vibrante, un recordatorio constante del latido creativo de San Miguel.

Suculentas y Cactus (pp. 51, 53)

Las plantas favoritas en el altiplano de México, en el cual tanto las suculentas como los cactus prosperan en el clima cálido y seco de San Miguel. La cola de burro, la flor fantasma, la bola de nieve Mexicana, la dama pintada— estas y otras especies con nombres extravagantes que se derraman por las ventanas en las calles pedregosas de la ciudad. Esta página para colorear fue inspirada por un paseo por el Charco del Ingenio, que es el jardín botánico y reserva natural sobre la ciudad. Un santuario para las especies suculentas raras y las variedades clásicas, El Charco está dedicado a la preservación de la flora en peligro de extinción de todo México.

El Centro Histórico (p. 55)

Este mapa del centro histórico de San Miguel destaca algunos de los lugares conocidos de la ciudad. Arriba a la izquierda: la entrada del bullicioso del Mercado de Artesanías. Al centro a la izquierda: "El Toro," la escultura distintiva de David Kestenbaum que se encuentra enfrente del centro cultural de Bellas Artes. Abajo a la izquierda: la estatua de Ignacio Allende—héroe de la Guerra de Independencia de México y homónimo de la ciudad—quien vigila la plaza principal desde la esquina de su casa familiar. Arriba a la derecha: la Biblioteca Pública, fundada en 1958 por la residente canadiense Helen Wales. Al centro a la derecha: Ignacio Allende, esta vez montado a caballo en la Plaza Cívica. Abajo a la derecha: la primera parada de los históricos recorridos en tranvía de la ciudad.

Thank you for buying this book!
If you enjoyed it, please leave a review on Amazon.

¡Gracias por comprar este libro!
Si lo disfrutaste, por favor deja tu reseña en Amazon.

Pen Testing Pages

Pen Testing Pages

Pen Testing Pages

Made in the USA
Las Vegas, NV
18 January 2025